Pièce
4°R
1398

GASTON-ROUTIER

Le Congrès de la Paix

A MONACO

AF473181

PARIS
LIBRAIRIE H. LE SOUDIER
174, BOULEVARD SAINT-GERMAIN, 176

1902

Pièce
4° R
1398

BIBLIOTHÈQUE NATIONALE RF IMPRIMÉS

LE CONGRÈS DE LA PAIX
A MONACO

OUVRAGES DU MÊME AUTEUR

LÉLIO, poème en 1 acte et en vers, édition de luxe (troisième mille) . . . . 3 fr. »

L'AMOUR DE MARGUERITE, roman contemporain (huitième édition) . . . . 3 fr. 50

DEUX MOIS EN ANDALOUSIE ET A MADRID, édition de luxe avec gravures hors texte . . . . 7 fr. 50

L'HISTOIRE DU MEXIQUE, ouvrage précédé d'une lettre et du portrait de S. Exc. le Président de la République du Mexique (troisième mille) . . . . 3 fr. 50

LE MEXIQUE, avec préface de Ignacio Altamirano et une carte du Mexique (quatrième mille) . . . . 3 fr. »

GUILLAUME II A LONDRES ET L'UNION FRANCO-RUSSE (sixième édition) . . . . 3 fr. 50

LA QUESTION SOCIALE ET L'OPINION DU PAYS, enquête du *Figaro* (quatrième édition) . . . . 2 fr. 50

LES DROITS DE LA FRANCE SUR MADAGASCAR, un fort volume in-18, broché (huitième édition) . . . . . . 3 fr. 50

NOS BONS MAITRES-CHANTEURS, comédie en 5 actes et en vers (huitième édition) . . . . 2 fr. »

L'ESPAGNE EN 1897, un fort volume in-18, broché, avec sept gravures hors texte et cinq tableaux statistiques (neuvième édition) . . . . 2 fr. 50

LE MARQUIS DE TOURNOEL, roman contemporain, un volume in-18 (cinquième édition) . . . . 3 fr. 50

GRANDEUR ET DÉCADENCE DES FRANÇAIS, un fort volume in-18 de 390 pages (seizième édition) . . . . 3 fr. 50

L'INDUSTRIE ET LE COMMERCE DE L'ESPAGNE, in-8, avec huit tableaux statistiques hors texte . . . . 5 fr. »

LE DROIT D'AIMER, comédie en 3 actes en prose, précédée d'une lettre de M. Jules CLARETIE, administrateur de la *Comédie Française*; un vol. in-18 (5e édition) . . . . 2 fr. »

LE CONGRÈS HISPANO-AMÉRICAIN DE MADRID, *ses travaux et ses résultats*, 1 vol. in-8 de 80 p. . . . . 3 fr. »

UN POINT D'HISTOIRE CONTEMPORAINE (Le voyage de l'Impératrice Frédéric à Paris en 1891. — Notes et documents. — Deux entrevues avec Liebknecht. — Une visite à Bismarck), un fort vol. in-18 de 300 pages . . . . 3 fr. 50

GASTON-ROUTIER

Le Congrès de la Paix

BIBLIOTHÈQUE NATIONALE
IMPRIMÉS

A MONACO

PARIS
LIBRAIRIE H. LE SOUDIER
174, BOULEVARD SAINT-GERMAIN, 176

1902

Tous droits de traduction et de reproduction réservés par l'auteur pour tous pays, y compris la Suède et la Norwège

A son Altesse Sérénissime
Le prince Albert Ier de Monaco,
Protecteur des Arts et des Sciences,
Ami de la Paix et du Progrès,

Très respectueux hommage d'un des membres du XIe Congrès universel de la Paix,

GASTON ROUTIER.

Le Congrès de la Paix

Je suis revenu de Monaco, ébloui et charmé. Dans ce cadre féerique, nous avons assisté à des fêtes splendides, à une véritable apothéose des plus nobles et des plus généreuses idées dont s'honore l'humanité : les idées de Justice et de Paix.

Et je félicite bien sincèrement S. A. S. le prince Albert d'avoir eu la bonne inspiration de réunir dans sa principauté de Monaco le XIe Congrès des Membres des Sociétés de la Paix. Quel pays plus favorisé du ciel, quelle terre plus belle auraient pu offrir hospitalité plus fraternelle et plus douce aux délégués de tous les coins du globe ?

Monaco n'est-il point en outre le pays pacifique par excellence, celui qui ne vit que par la paix et pour la paix ?

Des fleurs et des parfums, des jolies femmes et des sourires ; une mer dont les flots dormeurs déroulent à nos yeux comme une immense pièce de moire de soie d'un bleu intense, un ciel sans nuages dont l'azur semble transparent, un soleil qui chauffe et qui caresse de ses rayons ; et sur les gradins de ce demi-cirque de montagnes énormes où le noir, le brun, le blanc, le gris, les tons rouges et de rouille, l'ocre et le bitume d'une palette géniale se sont confondus et mêlés, des centaines de palais dressent leurs majestueuses et imposantes façades de pierres de taille, éclatantes de blancheur, entourées de jardins merveilleux, précédées de terrasses aux murs tapissés de glycines en fleurs; yuccas difformes et d'allures barbares, agaves mexicains, aloës, cactus épineux, tous les genres de palmiers connus, les dattiers élancés, les washingtonia géants, les palmiers des Indes, de Java, d'Afrique, d'Australie, toute une flore tropicale, où les acacias, les magnolias, les orangers en fleurs se pressent et se dissimulent, parmi les gazons bien verts et bien taillés, au milieu des massifs de rhododendrons, d'azalées, de tulipes, de géraniums, de rosiers en boutons ; tous les arbres les plus rares, toutes les fleurs les plus belles ; l'odorat est captivé, les regards sont charmés. Et, dans ce paradis terrestre, sortent de partout des musiques et des chants, comme une symphonie discrète et générale célébrant la joie de vivre, dans la paix, dans les fleurs, dans la gaieté, dans l'amour !

C'est beau, c'est idéalement beau ; c'est même trop beau, car on sent trop dans ce décor la main des jardiniers, l'œuvre des architectes, les travaux des dessinateurs et des décorateurs ; ce n'est plus la nature vraie, c'est la nature fardée et arrangée, mais tellement belle que rien ne saurait la déparer et l'enlaidir.

Ah ! Monaco, Monaco de nos rêves, combien plus pittoresque et plus admirable aux yeux de l'artiste et du poète, il y a quelques dizaines d'années, avant l'envahissement de tes rivages et de tes rochers par les hôtels confortables, les immenses caravansérails cosmopolites, qui te donnent d'un bout de l'année à l'autre l'air guindé d'une Exposition universelle, où courent des foules élégantes et indifférentes à la poésie de ton panorama, où vibrent les violons des Tziganes de contrebande avec la sempiternelle *Valse Bleue !*

Monaco, véritable paradis terrestre, que déparent le luxe moderne, le Casino et les immorales salles de jeux.

*
* *

Je voudrais donner aux lecteurs de ces pages une idée bien nette de ce Congrès et de ses travaux. Je suis sûr que la Paix compte tous les jours de plus nombreux partisans dans le monde ; en France, il n'est pas un homme de cœur qui ne soit un pacifique, et même dans notre armée, même dans le corps si respectable et si digne de tout notre amour de nos officiers, les partisans de la paix sont la grande majorité. Aujourd'hui on prépare la guerre dans tous les pays, on se fait des muscles et on se fournit de fusils et de canons, mais avec l'intention de faire servir sa force au maintien de la paix. Je crois fermement que les belliqueux par parti-pris deviennent de plus en plus rares : faire la guerre pour le plaisir de faire la guerre, qui donc y songe en France, voire même en Europe ? On continue à armer sans relâche, à s'écraser d'impôts et de charges militaires, non par esprit de conquête, mais par peur les uns des autres.

Il règne un malentendu terrible entre les peuples. Quand ce malentendu sera-t-il éclairci ? Qui donc dissipera les nuages qui cachent, qui obscurcissent la conscience des nations ?

Tous ceux qui, dans leur sphère d'action, travaillent à répandre les idées de paix, font donc œuvre utile et saine ; ils méritent des encouragements et des appuis.

Voilà pourquoi ces Congrès de la Paix qui donnent à des hommes sincères l'occasion de proclamer en public leurs bonnes pensées et leurs belles paroles, qui attirent vivement l'attention de la foule de tous les pays sur cette mission pacificatrice si humaine et si généreuse, voilà pourquoi ces Congrès ne sont pas inutiles, mais excellents ; pourquoi leur œuvre est sainte et pourquoi elle sera féconde !

Comme le disait la toujours charmeresse et éloquente Séverine, « nous sommes des semeurs, dans le sillon, sous le soleil d'avril... »

La récolte se fera un jour, plus tôt qu'on le croit peut-être, et ce sera une belle récolte !

*
* *

Le onzième Congrès universel de la Paix marque d'ailleurs une étape décisive dans l'œuvre des Congrès.

Il y eut de tous temps des esprits pacifiques et ce furent les plus nobles et plus beaux d'entre les génies : faut il citer Socrate, Platon, et avant eux les sages de la Chine et des Indes ? Faut-il citer Cicéron, Sénèque, Marc-Aurèle, Lucrèce, tous les

Pères de l'Eglise, tous ces sublimes et divins soldats du Verbe qui furent les apôtres et les martyrs du Christianisme ; et parmi les modernes, Erasme, Montaigne, Sully, Henri IV, qui rêvait la fédération de l'Europe, Pascal, Bossuet, Fénelon, Delille, Buffon, l'abbé de Saint-Pierre, Leibnitz, Kant, Rousseau, Voltaire, Franklin, Lamartine, Emile Castelar... Et combien d'autres, combien de grands hommes que j'oublie et qui furent des pacifiques !

Que manquait-il jadis à toutes les bonnes volontés pour se manifester clairement, à toutes les voix éparses pour se faire écouter ? Il manquait l'union, l'union qui donne la force du nombre, l'autorité de l'entente, qui décuple la portée de la voix et qui donne à l'éloquence la persuasion de l'exemple.

C'est cette union qu'ont faite les Sociétés de la Paix et que cimentent les Congrès universels.

Dès le 22 août 1849, dans une réunion internationale que présidait Victor Hugo, avec à son côté Richard Cobden comme vice-président, notre grand poète, — qui fut un grand pacifique, tout en ayant su chanter comme nul autre les glorieuses épopées de jadis, — s'écria dans un de ces mouvements prophétiques qui lui étaient familiers :

« Un jour viendra où les armes tomberont des mains, où les boulets seront remplacés par des votes, par le suffrage universel des peuples, par le vénérable arbitrage d'une grande Assemblée souveraine, qui sera à l'Europe ce que le Parlement est à l'Angleterre, ce que la Législation est à la France. Un jour viendra où l'on montrera un canon, dans les musées, comme on y montre aujourd'hui un instrument de torture, en s'étonnant que cela ait pu être ! Un jour viendra où l'on verra ces deux groupes immenses, les Etats-Unis d'Amérique et les Etats-Unis d'Europe, se tendre la main par dessus les mers ! »

Et il préconisait ardemment la substitution de l'arbitrage aux batailles, la victoire de la justice sur la force.

En ouvrant, sous la présidence de S. A. le prince de Monaco, le Congrès de la Paix, M. Olivier Ritt, Gouverneur général de la Principauté, a prononcé un fort beau discours où il a rappelé un incident dont il fut témoin, lors du discours de Victor Hugo en 1849. Je lui cède la parole :

Qu'il me soit permis de rappeler un de ces congrès de paix, tenu à Paris, en 1849, sous la présidence du poète de génie, dont le centenaire vient d'être célébré avec tant d'éclat. La salle Sainte-Cécile (nom prédestiné pour des séances consacrées à l'harmonie et à la concorde) était trop petite pour contenir la foule des Français et des notabilités accourues de la Belgique, de l'Espagne, des Etats-Unis, de l'Amérique du Nord, de la Grande-Bretagne, de la Hollande, de l'Italie, de la Suède, pour répondre à l'appel à toutes les bonnes volontés en faveur de la pacification générale.

La presse a longuement retenti des remarquables discours prononcés pendant les trois jours de ce congrès par Victor Hugo, Richard Cobden, l'abbé Deguerry, le pasteur Coquerel, l'honorable membre du parlement anglais Ewarts, l'ancien esclave William Brown, Frédéric Bastiat, Joseph Garnier, Emile de Girardin, E. Burrett, Sturge, Gustave d'Eichtal, Durke, et tant d'autres que je regrette de ne pouvoir citer.

Un incident inoubliable a profondément remué l'assistance, déjà surexcitée par tout ce qu'elle avait entendu. Le troisième et dernier jour — c'était le 24 août — Victor Hugo, en terminant son discours d'adieu aux membres du congrès a rappelé que l'on était au 269e anniversaire de la Saint-Barthélemy. Au nom de cet horrible souvenir des guerres civiles, mêlant la religion à la politique, il a adjuré chacun de ne plus s'inspirer que des sentiments de famille que nous devons éprouver les uns envers les autres. Entraînés par ces accents émus, l'abbé Deguerry et le pasteur protestant Coquerel, les deux vice-présidents de cette séance, s'embrassèrent dans un grand élan de cœur, au milieu d'un tonnerre d'applaudissements et des hurras frénétiques de l'assemblée électrisée. « Frères », a dit alors le grand poète, « j'accueille ces acclamations ! Je les offre aux générations futures ! Que ce jour soit un jour mémorable ! Qu'il marque la fin de l'effusion du sang humain ! Qu'il inaugure le commencement de la concorde et de la paix du monde ! »

Un jeune étudiant, témoin de ces scènes touchantes et resté tout vibrant du grand langage tenu par de tels maîtres, eut été bien surpris si on lui avait prédit qu'un demi-siècle plus tard, la situation serait encore assombrie, et qu'il aurait, lui, l'insigne honneur de parler au nom d'un Prince acquis d'avance à toutes les causes humanitaires, pour souhaiter la bienvenue aux membres d'un onzième congrès de la paix, après une série de trente-trois nouvelles guerres cruelles, auxquelles presque toutes les grandes nations de la terre ont pris part durant ces cinquante années.

Avec quel doute injurieux, avec quelles véhémentes malédictions aurait été accueillie l'annonce prophétique de ces guerres, qui ont coûté la vie à deux millions d'hommes dans la force de l'âge ; qui ont entraîné cent milliards de dépenses directes et causé dix fois plus de pertes à l'industrie et au commerce ; et qui ont laissé, rien qu'à l'Europe, l'héritage inouï de dix milliards d'impôts annuels supplémentaires, pour maintenir sous les armes le dixième de la population, ainsi détournée des travaux créateurs de la richesse matérielle et preuves de la véritable supériorité morale des peuples !

Quels droits n'ont-ils pas à notre reconnaissance, les hommes qui, sans se laisser décourager par de telles déceptions dans le passé, poursuivent énergiquement leur but ; continuent à répandre les sages conseils, à rechercher dans les catastrophes subies des leçons capables d'éclairer d'une lumière suprême le chemin à suivre désormais. Que tous nos vœux les accompagnent, que tous nos efforts les aident dans l'accomplissement de leur difficile mission.

Ils savent que les diplomaties les plus autorisées ont vainement tenté d'obtenir un désarmement, au moins partiel ; qu'un Souverain puissant entre tous et dont le nom sera toujours béni pour sa bonté, pour son appel à la conciliation, n'a pas encore remporté le succès digne de sa généreuse initiative.

Ils n'ignorent pas que parmi les écueils que rencontrera forcément leur tâche, il en est un sans cesse accru par la marche des événements, c'est la constitution d'une formidable aristocratie internationale, formée par plus de deux cent mille officiers, ayant droit à tous les respects par les qualités de cœur, d'intelligence et de savoir qu'ils partagent avec les hommes les plus distingués de leur époque, et en outre par des exemples héroïques de discipline, d'abnégation et du sacrifice le plus entier de leur vie.

Il importe que rien dans les actes, rien dans les paroles des apôtres des centaines de sociétés libres affiliées au Comité international de la Paix, ne permette de penser que l'on veuille porter personnellement atteinte à ceux qui obéissent si noblement à un devoir imposé par les lois de leur pays respectif, en se tenant prêts à défendre son territoire contre toute agression.

Deux considérations puissantes sont heureusement là pour soutenir les pionniers de l'œuvre de la paix universelle.

La première, c'est que la plus jeune peut-être et incontestablement une des plus riches et des plus fortes nations du monde, la République des Etats-Unis de l'Amérique du Nord, doit précisément à l'absence d'une armée permanente nombreuse le chiffre relativement minime de ses charges annuelles, la nullité de sa dette, la colossale accumulation de ses ressources, la miraculeuse progression des produits les plus divers de son industrie et un irrésistible mouvement d'expansion.

La seconde, c'est que, si perfectionnée que paraisse la civilisation de nos jours, surtout après les merveilleuses applications, durant le siècle dernier, de toutes les forces de la nature pliées à nos besoins, il y a encore de prodigieuses améliorations à réaliser. S'il était possible de percer le mystère de l'au-delà de notre existence, nous serions éblouis par les resplendissantes transformations de l'avenir.

N'oublions pas qu'il y a vingt siècles, nos pères se croyaient parvenus à l'apogée des institutions sociales, de la science et du bien-être ; et qu'il a suffi des ardentes prédications de quelques humbles apôtres, ayant contre eux la force des puissants de la terre et la résistance de l'aveuglement des masses, pour préparer, par la simple persuasion et par la douce charité, une des plus complètes et des plus admirables révolutions que l'Histoire ait jamais enregistrée ! Que ne doit-on pouvoir faire aujourd'hui, que, dans tous les rangs des peuples, les idées ont constamment progressé, et que les esprits d'élite, plus spécialement formés par l'étude et par les leçons du passé, peuvent appuyer leurs théories par les plus saisissantes démonstrations.

Au nom de Son Altesse Sérénissime, je remercie M. Gaston Moch, l'organisateur zélé du onzième congrès universel de la Paix, et tous ceux qui lui ont prêté leurs concours ; tous les groupes qui se sont fait représenter ; toutes les personnes qui ont bien voulu se rendre à cette réunion, particulièrement les dames qui lui ont apporté la gracieuse parure de leur présence.

Au Président du Congrès revient naturellement la mission d'entrer dans les détails, en exposant le programme des séances.

Il ne me reste donc plus qu'à rendre un solennel hommage à un homme, dont le nom, déjà bien connu du monde scientifique, est devenu celui d'un philanthrope illustre M. Nobel. La création des prix, dont il a donné le généreux exemple, fait honneur à notre époque et mérite spécialement la reconnaissance de ceux qui se consacrent à l'œuvre de la Paix.

Dans le même hommage sont compris comme ayant été jugés dignes du prix Nobel :

M. Dunant, retenu en Suisse par son âge et par son état de santé, mais certainement de cœur avec nous, promoteur de la Convention de Genève, et le créateur de l'œuvre internationale des Secours aux Blessés, œuvre dite de la Croix Rouge, cette gloire de la civilisation moderne !

Et M. Frédéric Passy, dont nous acclamerons la parole dans cette enceinte, et qui est, avant tous, le protagoniste de la Paix entre les peuples. Depuis cinquante ans, avec une ardeur infatigable, avec la conviction profonde d'une science économique hors de pair, il prêche aux hommes cette vérité bien simple qu'ils sont créés pour s'aimer les uns les autres, et que la guerre est forcément inhumaine.

En citant ce discours, je viens de citer la note saillante de la première séance du Congrès de la Paix, qui eut lieu le mercredi 2 avril à 9 h. 1/2 du matin dans une nouvelle salle aménagée à cet effet au rez-de-chaussée du Musée Océonographique. Et le coup d'œil était, en sa simplicité, réellement imposant, de cette salle de 30 mètres de long sur 14 mètres de large et 7 de hauteur où les murs non encore recrépis et où les grosses poutres de fer non encore cachées par le futur plafond, montraient en toute sa massive nudité la construction grandiose du superbe monument. Sur le sol, de beaux tapis remplacent le futur parquet; le fond de la salle est occupé par une large estrade tendue de tentures grenat; enfin comme ornementation, ont été disposés tout autour de l'enceinte des trophées de drapeaux de toutes les nations auxquelles appartiennent les congressistes présents. Il faut signaler aussi les banderoles aux couleurs monégasques qui sont tendues sous les poutres du plafond et un grand écusson placé au dessus de la tribune et sur lequel sont écrits les mots : *XIe Congrès de la Paix 1902.*

Son Altesse le prince de Monaco présidait et nous avons pu constater en outre sa présence à plusieurs des autres séances : le prince a tenu ainsi à prouver toute la part qu'il prend aux efforts des Sociétés pacifiques. C'est une manifestation d'autant plus précieuse pour les amis de la Paix qu'elle vient d'un prince souverain, du premier prince qui ne craint pas de patronner un Congrès de la Paix.

La première Société pacifique fut fondée en 1810, à Boston. L'Angleterre suivit, en 1816. Puis nous, en 1821, et la Suisse en 1830. Et la première assemblée internationale se tint à Londres, en 1843 : la seconde à Bruxelles, en 1848 ; la troisième (dont j'ai parlé au début de cette étude) à Paris, l'année d'après ; la quatrième à Francfort-sur-le-Mein, en 1850 ; la cinquième à Londres, en 1851 ; la sixième à Genève, en 1867 ; la septième à Paris, en 1878 ; la huitième à Bruxelles, en 1882, — sans parler des réunions particulières de chaque société ou des réceptions réciproques entre elles, de pays à pays.

Cela c'était le passé, nous dit Séverine, l'ébauche, la recherche continue de ce qui est enfin. L'entrée dans la période vivace, agissante, réellement féconde, ne date que du premier congrès motivé par l'Exposition de 1889 ; celui-là, ouvrit au Trocadéro. En 1890 on se réunit à Londres ; en 1891, à Rome ; en 1892, à Berne ; en 1893, à Chicago ; en 1894, à Anvers ; en 1896, à Budapest ; en 1897, à Hambourg ; en 1900, à Paris, dans l'enceinte de l'Exposition, au palais des Congrès ; en 1901, à Glascow. Et le onzième congrès universel de la Paix siège aujourd'hui à Monaco.

M. Gaston Moch, nommé Président du Congrès pour la principauté de Monaco, a fait un excellent discours à la séance d'ouverture où il a rappelé les morts de l'année dernière : Jean de Bloch, en Russie, Pi y Margall, Alonso de Beraza, en Espagne, Gustave Rollin-Jacquemyn, en Belgique, Gustave Vogt et le pasteur Osell, en Suisse, Marillier, Eugène Manuel, Arthur Desjardins, Létourneau, Mmes Gagneur et Clémence Royer, en France.

J'ai dû, hélas ! a ajouté M. Moch, m'étendre bien longuement sur les raisons que nous avons d'être tristes en ce jour de fête. Mais les consolations et les motifs d'espérer ne nous font pas défaut.

En 1900, nous siégeons à Paris, sous le patronage du Gouvernement de la République Française, et le Ministre du commerce inaugurait nos travaux par un discours dans lequel il ne craignait pas de solidariser ce Gouvernement avec nous. Néanmoins, au milieu du tumulte de la grande Exposition, ce patronage, que nous partagions avec deux cents autres Congrès, devait rester relativement discret, et, il faut bien le dire passer relativement inaperçu.

Aujourd'hui, vous avez été convoqués à Monaco, sur le vœu d'un Souverain qui, non content des beaux titres de savant, de protecteur des arts et de philanthrope, est fermement résolu à consacrer sa grande influence personnelle au triomphe de nos idées, et à faire de son admirable pays un des centres de cet internationalisme fécond par lequel est rendue évidente la solidarité des nations civilisées.

En accourant si nombreux à son appel, vous avez montré quel prix vous attachez à sa généreuse initiative ; tous, vous sentez que cette convocation marque une date importante dans l'histoire du mouvement pacifique.

Sans empiéter, d'autre part sur le rapport qui vous sera lu au nom du bureau de Berne, il me sera permis de faire allusion au traité d'arbitrage permanent par lequel l'Espagne et ses anciennes colonies viennent de lier indissolublement leurs destinées dans le respect du droit, et, surtout, à cette récente convention de Bruxelles, où le vulgaire ne voit que la solution d'une question fiscale, et dans laquelle nous apercevons le début de la réalisation de nos espérances. On ne connaissait jadis que la guerre à coups de canons. Puis, était venue se greffer sur cette folie suprême la guerre économique, la guerre à coups de millions. Nous venons d'assister à la condamnation d'une erreur, à un premier désarmement économique; nous saluons dans la Convention de Bruxelles le prélude du désarmement militaire !

*
* *

Il faut savoir se borner, surtout quand on rend compte d'un Congrès intéressant, mais j'avoue que c'est avec une réelle tristesse que je me vois obligé de mentionner seulement les admirables discours de M. Frédéric Passy, le grand apôtre de la Paix, notre vénéré Maître en économie politique, toujours ardent et superbe dans ses envolées d'éloquence, de Séverine, la femme de Lettres au cœur si compatissant pour toutes les infortunes, de Mme la baronne de Suttner, de M. Emile Arnaud, de tant d'excellents esprits que je prie de m'excuser si ma mémoire me sert mal en ce moment et si je les omets.

Le soir conformément au programme des fêtes a eu lieu la réception au Palais de Monaco. A l'heure fixée, les invités affluaient, pénétrant par le grand escalier et la galerie d'Hercule, le long de laquelle se tiennent les carabiniers en armes. Le vestibule et les salons du Palais illuminés brillamment, ont été merveilleusement décorés de massifs de fleurs aux embrasures des fenêtres et des glaces; la salle Grimaldi présente un coup d'œil superbe : sous la lumière éclatante des lustres électriques les admirables toiles anciennes qui l'ornent ressortent sur la tapisserie de damas rouge; la corniche de la cheminée monumentale est garnie d'azalées roses et l'âtre de rhododendrons et de lys d'eau ; devant le dais du trône des hortensias mêlés d'azalées rouges et aux embrasures des fenêtres des massifs de plantes vertes et de fougères.

Une affluence nombreuse et choisie donnait une vive animation dans le grand salon et dans les salons voisins ; au milieu des habits noirs, les uniformes des officiers de la maison du Prince ainsi que les toilettes des dames jetaient une note claire et diaprée. Le coup d'œil était charmant.

*
* *

Les séances des jours suivants furent consacrés à la discussion et au vote des vœux du Congrès : je ne puis entrer dans le détail des discours prononcés à ces différents sujets. Voici les vœux, dans l'ordre où ils ont été votés :

PREMIER VŒU. — Le Congrès, estimant que le protectionnisme est une des principales causes de dissentiments internationaux, affirme de nouveau sa sympathie pour tous les efforts qui seront faits en faveur du libre échange, émet le vœu que le régime du libre échange soit également adopté à l'égard des colonies.

SECOND VŒU. — Le Congrès de la Paix rappelant les résolutions prises à Glascow relativement au droit international et au désarmement, estime en outre que tous les modes d'action morale, politique ou économique propres à arrêter la concurrence des armements et à les réduire d'une façon décisive doivent être encouragés.

Le Congrès exprime l'espoir que les signataires de la Convention de La Haye mettront très prochainement à exécution le vœu formulé par leurs délégués « d'une entente concernant la limitation des forces armées de terre et de mer et des budgets de guerre ».

TROISIÈME VŒU. — Les nations européennes, représentées à la Conférence internationale de Berlin en 1884 et 1885, se sont engagées « à veiller à la conservation des populations indigènes des pays sauvages et à l'amélioration de leurs conditions morales et materielles ». Puis, à la Conférence de Bruxelles, en 1889, les nations se sont engagées encore à assurer les bienfaits de la paix au continent Africain. Par malheur, depuis cette époque, des violations constantes de ces engagements se sont produites. Les natifs ont été attaqués directement par les Européens, ou ils ont été attaqués par d'autres natifs que les Européens ont muni des armes les plus meurtrières et qu'ils ont instruit à s'en servir.

Considérant ces circonstances, le Congrès émet le vœu qu'une nouvelle Conférence se réunisse à l'effet de délibérer sur ces faits ou que les Gouvernements prennent les mesures nécessaires pour y mettre un terme.

QUATRIÈME VŒU. — Le XIe Congrès universel de la Paix, renouvelant les vœux du IXe et du Xe Congrès,

Demande instamment aux Puissances signataires du traité de Berlin, de se réunir en une conférence officielle à La Haye, pour la solution de la question arménienne par l'application du projet de réformes du mois de Mai 1895 ;

Et considérant que de nouveaux massacres sont à craindre dans la région du Sassoun, prie les mêmes puissances d'envoyer à Moush leurs consuls des villes les plus voisines, la seule présence de témoins européens officiels étant de nature à empêcher le retour d'événements sanglants.

CINQUIÈME VŒU. — M. Houzeau de Lahaie rappelle la création d'un bureau international des travailleurs de toute condition et invite le Congrès à adresser à ce bureau socialiste les félicitations du Congrès *en raison de ses récentes déclarations pacifiques et de l'adhésion à nos principes.*

M. Frédéric Passy appuie ce projet et rappelle que les Congrès font œuvre de conciliation générale en s'adressant à toutes les personnes de bonne foi, à tous les partis qui travaillent à la paix. Il rappelle que le Congrès de Budapest en 1896, a envoyé de chaleureuses félicitations au pape Léon XIII, en raison des déclarations pacifiques de ses Encycliques et de ses discours, des encourage-

BIBLIOTHÈQUE NATIONALE RF IMPRIMÉS

ments renouvelés aux œuvres de paix. Le Congrès fut honoré alors d'une réponse bienveillante de Sa Sainteté.

Avec son éloquence habituelle, il a fait adopter le texte suivant :

Le Congrès, considérant que seul le parti socialiste a récemment constitué un Bureau international en vue d'étudier les moyens d'améliorer en tous pays la situation des travailleurs,

Considérant que ce Bureau vient d'exprimer hautement son adhésion aux principes du parti pacifique,

Désireux d'ailleurs de rester à l'écart des luttes intérieures des partis politiques.

Adresse ses vives félicitations au Bureau socialiste international en raison de ses récentes déclarations pacifiques.

SIXIÈME VŒU. — Le Congrès, sans revenir sur l'origine et les responsabilités de la guerre Sud-Africaine, sur lesquelles le Congrès de 1900 s'est prononcé, constate que les efforts, inlassablement renouvelés dans tous les pays pour amener la cessation de cette guerre sanglante, constituent, malgré tout, un consolant spectacle et sont d'un heureux présage.

Le Congrès adresse spécialement ses félicitations au Gouvernement hollandais pour son offre généreuse et désintéressée de bons offices.

Il estime être l'interprête d'un sentiment universel en déclarant que, loin d'affaiblir sa situation par les concessions sérieuses à faire aux Républiques du Transvaal et de l'Orange, la nation Anglaise reprendrait, par cette preuve de modération, de justice et d'humanité, la place qu'elle a si longtemps occupée dans l'affection et l'estime des peuples.

Le Congrès appelle l'attention de l'opinion publique sur l'impuissance de la force pour trancher les difficultés internationales, impuissance que la durée de la guerre rend de jour en jour plus éclatante.

Cette motion est adoptée sans discussion.

Au nom de la Commission B, M. Emile Arnaud présente et soutient éloquemment les deux appels suivants :

Appel aux Puissances. — Considérant que le droit à la médiation spontanée est une des plus précieuses conquêtes du droit international positif créé à la Haye le 29 juillet 1899 ;

Considérant que le « droit d'offrir les bons offices ou la média-
« tion appartient aux puissances étrangères au conflit, même pen-
« dant le cours des hostilités » ;

Considérant que « l'exercice de ce droit ne peut jamais être

« considéré par l'une ou par l'autre des parties comme un acte peu « amical »;

Considérant que « le rôle du médiateur consiste à concilier les « prétentions opposées et à apaiser les ressentiments qui peuvent « s'être produits entre les Etats en conflit » ;

Considérant que « les fonctions du médiateur ne cessent que du « moment où il est constaté, soit par l'une des parties en litige, « soit par le médiateur lui-même, que les moyens de conciliation « proposés par lui ne sont pas acceptés »;

Convaincu d'interpréter fidèlement les sentiments de la conscience universelle.

Le Congrès adjure toutes les puissances étrangères au conflit sud-africain :

D'étudier sans plus tarder les moyens de « concilier les prétentions opposées et d'apaiser les ressentiments qui peuvent s'être produits entre les Etats en conflit », afin de pouvoir exercer utilement le rôle de Médiateur que l'art. 4 de la Convention pacifique de la Haye définit en ces termes.

Et pour le cas où des négociations directes ne s'ouvriraient pas promptement ou n'aboutiraient pas, d'offrir sans hésitation leur médiation en proposant leurs propres moyens de conciliation.

Appel au Gouvernement de Grande Bretagne. — Le XIe Congrès Universel de la Paix.

Etranger à toute préoccupation hostile aux puissances en guerre dans l'Afrique du Sud, comme du reste à toute autre Nation.

Guidé uniquement par des considérations d'humanité, de justice et de morale, dont aucun gouvernement n'a le droit de se désintéresser.

Inspiré par le sentiment d'agir pour le bien de l'Afrique du Sud, en même temps que dans l'intérêt de la Grande-Bretagne, pour son honneur et en faveur de sa considération universelle, — sentiment éprouvé par l'unanimité des Membres du Congrès, bien qu'ils appartiennent à dix-neuf nationalités différentes.

Le Congrès,

Adresse un suprême appel au Gouvernement de S. M. le Roi de Grande-Bretagne afin que, pénétré de vifs sentiments de conciliation qui seuls l'honoreraient, il ouvre avec les Représentants des Républiques Sud-Africaines des négociations en vue de la paix, et conclue sans retard une paix juste et honorable. Et afin que, dans le cas où ces négociations n'aboutiraient pas, le Gouvernement de Sa Majesté consente à entendre les propositions de Puissances qui, agissant en conformité des dispositions de la Convention pacifique de La Haye, offriraient de remplir le rôle de médiatrices, s'efforceraient de concilier les prétentions opposées et d'apaiser les ressentiments qui peuvent s'être produits entre les Etats en conflit.

Ces deux appels sont votés sans opposition.

SEPTIÈME VŒU. — **Appel aux Nations.** — Depuis qu'ont éclaté la guerre sud-africaine et la guerre des Philippines, depuis que se sont déroulés de cruels événements en Arménie, voici la troisième fois qu'en clôturant leur Congrès annuel, les Sociétés de la Paix adressent aux peuples un appel pour leur demander d'instaurer, sans plus tarder, la concorde internationale.

Depuis trois ans, une lutte odieuse soulève la réprobation universelle. Les efforts de ceux qui veulent substituer au règne de la force le règne du droit en sont-ils moins justifiés ? Nous ne l'estimons pas, au contraire !

Jamais, d'ailleurs, le soulèvement de la conscience humaine ne s'est autant accentué qu'aujourd'hui contre le meurtre collectif qu'est la guerre, cette peine de mort appliquée sans jugement à un nombre considérable d'innocents. Jamais non plus n'a été moins contesté le principe fondamental du droit des peuples comme du droit individuel, qu'on ne peut se faire justice à soi-même et que la reconnaissance d'un droit contesté doit émaner d'un juge.

Les amertumes de l'heure présente ne nous découragent donc pas : elles ne font que rendre encore plus évidente la nécessité de la tâche que nous nous sommes imposée, mais pour le succès de laquelle le concours de tous les hommes de bien et de bonne volonté nous est indispensable.

Nous voyons, et le monde entier voit avec nous, la force brutale impuissante à résoudre les questions soulevées dans l'Afrique du Sud et les armées anglaises tenues en échec par un petit peuple décidé à défendre son droit imprescriptible et inaliénable de disposer librement de lui-même. C'est la banqueroute de la guerre, à laquelle nous opposons la paix, une paix à organiser de telle manière que tout litige international soit réglé normalement et conformément au droit.

Le présent Congrès, ouvert en présence de délégués appartenant à vingt-deux pays différents, a précisé, en les appliquant à des cas d'actualité, les principes du droit international futur, qui couvrira un jour de son égide la famille humaine, rendue à ses destinées de paix, de justice et de bien-être.

Nul ne conteste plus aujourd'hui que le bien-être des populations laborieuses ne doive être l'objectif principal de tous les gouvernements civilisés. Il est aussi incontestable désormais que la question sociale est avant tout une question internationale. Jamais la misère des masses populaires ne pourra être atténuée aussi longtemps que durera l'anarchie actuelle et le militarisme outré qui en est la conséquence.

Mais les nations ne croient pas pouvoir désarmer parce qu'elles s'imaginent que l'antagonisme de leurs intérêts est irréductible. C'est là une erreur grossière qu'il importe de rectifier. Il n'y a pas d'antagonisme entre ce qui est l'intérêt des nations, mais seulement entre ce qui paraît l'être. Il suffirait donc qu'il y eut concordance entre ce qui est et ce qui paraît être pour que la fédération de l'humanité se fit immédiatement.

L'intérêt primordial de tout individu, comme de toute nation, est la sécurité pour travailler et pour vaincre la misère, les peuples doivent avoir la certitude qu'aucune invasion du voisin ne viendra détruire, en quelques jours, les fruits de longues années de labeur pénible et acharné. La sécurité est donc le bien le plus indispensable à tous. Elle serait établie immédiatement d'une façon définitive si les peuples ne s'imaginaient pas ce qui cependant est chimérique, qu'il leur est possible d'assurer leur propre sécurité sans respecter celle d'autrui.

Après la sécurité, l'intérêt le plus important des individus et des peuples est de jouir complètement du fruit de leur travail. Pour cela il faut avoir la faculté de vendre et d'acheter ce qui est nécessaire dans tous les pays du monde, sans aucune restriction. La liberté complète des marchés est le plus impérieux de tous les besoins. L'erreur consiste seulement à croire qu'il est possible pour une nation d'exporter un produit sans qu'une nation n'importe ce même produit, dans le même moment. L'erreur consiste à vouloir disposer du marché universel sans le libre échange universel.

Ce qui divise les nations, ce ne sont pas les intérêts, mais les erreurs. Le temps est venu d'ouvrir enfin les yeux et de comprendre cette vérité élémentaire. Le bien-être de chaque nation n'est possible que par le bien être de toutes les nations. Non seulement il n'y a donc pas d'antagonisme entre les intérêts réels des nations, mais au contraire, il y a entre eux la plus complète solidarité.

C'est sous l'empire de ce sentiment profond que le XIe Congrès universel de la Paix fait appel à toutes les bonnes volontés individuelles et collectives.

La conscience humaine s'est éveillée. A tout jamais, la guerre est moralement condamnée, en attendant qu'elle soit rendue matériellement impossible par des institutions internationales tutélaires. La paix fera le tour du monde : efforçons-nous tous de faciliter sa marche en écartant les obstacles qui l'empêcheraient de passer !

A nous les hommes de cœur et de bon sens, dont les regards se tournent vers un avenir lumineux et non vers un passé de ténèbres, de sang et de ruines !

J'ai omis quelques vœux secondaires : la lecture de ceux qui précèdent suffira à prouver que le Congrès a été fidèle à ses principes en faisant entendre des conseils de sagesse et d'humanité dans les grandes questions qui, hélas ! agitent et troublent encore les nations.

Je dirai maintenant quelques mots de la grande séance de clôture.

Elle a été, à proprement parler, un véritable tournoi oratoire. M. Fried, pour l'Allemagne, Mme la baronne de Suttner, pour l'Autriche, M. Houzeau de Lehaie, pour la Belgique, M. F. Moschelès, pour l'Angleterre, M. le général Turr, pour la Hongrie, M. le Comte de Santa-Rosa, pour l'Italie, M. le docteur Struben, pour les Pays-Bas, M. Jacques Novicow, pour la Russie, M. Elie Ducommun, pour la Suisse, ont su nous intéresser et nous captiver.

La France avait cinq orateurs : MM. Emile Arnaud, Frédéric Passy, le Dr Richet, l'abbé Pichot, Mme Séverine. Je voudrais pouvoir les citer tous, mais la place me manque : MM. Emile Arnaud, le Dr Richet et l'abbé Pichot, dont les discours ont été salués par des applaudissements unanimes de l'assistance, ne m'en voudront pas, si je ne donne que le résumé des discours de M. Frédéric Passy et de Mme Séverine : de l'aveu de tous, ils ont été le clou de la séance de clôture.

M. Frédéric PASSY

M. Frédéric Passy qu'on acclame au moment où il se lève pour prendre à son tour la parole, commence sa vibrante allocution en disant qu'un personnage qui passe pour avoir été le représentant de la Sagesse, le roi Salomon, a prétendu qu'il ne saurait y avoir rien de nouveau sous le soleil. Or, ce que vous a rappelé Madame la baronne de Suttner sur l'organisation internationale de l'arbitrage, tout ce que nous faisons et tout ce qu'il y a à faire pour la paix universelle, n'est-ce pas du nouveau ? Nouveautés aujourd'hui, réalités demain ! Oui, il y a du nouveau dans les faits, dans les idées, dans les cœurs.

Et revenant sur les tristesses de l'actuelle guerre Sud-Africaine et sur le mot qu'un ministre britannique a dit à l'Europe à ce sujet : « mais vous en avez fait autant ! » le vénérable apôtre de la Paix s'écrie : « Oui, certes, nous en avons fait autant, mais les temps sont changés et nous ne le ferions plus ! Il n'y a plus aujourd'hui de distance ni d'espaces ; nous vivons tous côte à côte et des extrémités du globe, nous entendons chaque jour par le télégraphe les cris des blessés et des opprimés ! Alors la conscience humaine, s'éveille et s'indigne de tous côtés et elle crie « nous ne voulons plus de cela ! »

Terminant en rappelant un symbole que lui a fourni le poète provençal Jean Aicard, M. Frédéric Passy raconte qu'un peintre montrant à un ami un tableau consacré au *Triomphe de la Paix* où on ne voyait que des entassements de cadavres, répondit à son visiteur étonné ; « Voyez là-haut dans le coin de la toile ce petit point blanc dans le ciel ; c'est une petite colombe qui arrive et qui vient annoncer au genre humain la fin du déluge de sang humain ! »

Mme SÉVERINE

Mme Séverine se lève ensuite et prononce une admirable improvisation où passe toute son âme ardente et généreuse et dont les accents émeuvent profondément l'assistance. Dans une langue harmonieuse et poétique, semée d'images éloquentes, Séverine s'écrie qu'il a fallu des siècles de clameurs, de souffrances et d'obscurs désirs dans les foules pour que les apôtres de la paix en arrivent à formuler enfin ces appels et à chercher un remède aux maux anonymes. Ils sont les porteurs de torches qui avec une inlassable patience se transmettront la lumière pour arriver à la définitive clarté. Ces apôtres ne verront sans doute point leur œuvre ; ils auront du moins travaillé à l'édifier. Dans ce beau pays où tout est de rose et d'azur et d'apaisement, la stupidité profonde de la guerre lui est apparue dans sa plus navrante certitude.

Comment concevoir une chose plus incommensurablement imbécile que le spectacle des hommes, des travailleurs qui paient pour qu'on protège leur champ, leur vigne, leur industrie, leur négoce, et qui paient encore pour qu'on vienne piller leurs maisons, incendier leurs fermes ! La guerre est encore plus stupide que cruelle. Un jour prochain les foules finiront par comprendre cela. Et Séverine raconte une promenade qu'elle a faite le matin même au cimetière, cette *Cosmopolis* du repos, et où dorment côte à côte dans l'éternelle paix des créatures des nationalités les plus diverses. Quelle grande et grave leçon de fraternité! Et s'adressant, pour terminer, aux femmes, aux mères de famille, Sévérine invoque à leurs yeux et à leur cœur le spectacle de ces enfants roses et blonds, des petites têtes chères, qui seront un jour la proie du monstre guerrier; et au nom de ces douces créatures aimées, elle les conjure de faire de la propagande pour l'idée de paix.

Le discours de Mme Sévérine est salué par de longs applaudissements.

*
* *

Le soir, S. A. S., le prince de Monaco, offrait un banquet de 300 couverts aux Congressistes dans la salle des Fêtes du Grand Hôtel de Paris, à Monte-Carlo. La salle était superbement décorée ; devant chaque convive, à côté d'un menu orné des armes de la Principauté, se trouvait un petit rameau d'olivier entouré d'un nœud de ruban blanc et rouge, les couleurs de Monaco. Je fais grâce du menu lui-même qui était excellent.

Au champagne, le prince Albert se lève et prononce les paroles suivantes, acclamées chaleureusement par les convives.

Mes chers hôtes,

C'est avec une sympathie profonde que j'ai appelé chez moi les défenseurs de la Paix, les sages qui fertilisent un domaine livré aux hommes par la Science et la Pensée.

Votre phalange éclectique, naguère incertaine sur une voie difficile où des sentiments nouveaux inquiètent les âmes, hésitait comme un navire sur une mer inconnue. Maintenant l'horizon s'élargit, les écueils diminuent, et votre œuvre servie par des hommes prudents, se gouverne librement sur un océan de consciences calmées; une émotion sainte vous rapproche dans une communion d'idées généreuses, et les masses toujours lentes et sceptiques surmontent avec vous l'atavisme qui entretient des rivalités cruelles.

Au Musée océanographique de Monaco, dans l'édifice que j'ai solidement fixé au rivage témoin des civilisations mortes; dans l'asile que j'ouvre aux savants de toutes les nations et de toutes les philosophies, les amis de la Paix sont chez eux comme partout où l'on travaille pour le bien des hommes. En plaçant ici le rayonnement de votre idéal, vous proclamez un pacte qui vous solidarise avec la science pour enseigner la Justice et combattre l'aberration. Et lorsque, dans ces laboratoires, parmi les dépouilles de l'Océan, les travailleurs évoqueront le secret de la vie, les murs répéteront vos appels évoquant le secret du bonheur ; cet écho, mêlé aux voix multiples de la Science, éveillera, un jour, dans toutes les âmes, un esprit nouveau déjà né dans celles même qui l'ignorent ou le craignent.

Mais une alliée plus puissante et moins sévère que la Science vous promet, en souriant, la victoire ; la femme, sous l'auréole de sa tendresse, vous aide avec la finesse de ses perceptions et la persistance de sa volonté ; la femme, celle qui porte dans son sein le germe d'une humanité meilleure ; celle qui verse au cœur de l'enfant la douceur conquise par la civilisation ; celle qui inspire à l'homme ses plus nobles ardeurs ; la femme qui console et qui aime vous accompagne dans votre œuvre.

Je me féliciterais si j'avais pu vous donner un concours utile en mettant sur votre chemin ce petit pays que la guerre n'a plus touché depuis des siècles ; où l'on peut sans effort et sans crainte, sous toutes les formes de la Science et de l'Art, cultiver les fruits du progrès.

Monaco restera fier d'avoir été l'organe par lequel nos orateurs, nos penseurs et nos moralistes ont traduit le sentiment de tous les hommes éclairés sur l'injustice et la guerre ; d'avoir entendu leur parole souvent magnifique rappeler au monde la vanité des conquêtes, de ces entreprises qui préparent les guerres futures en semant la colère et la haine.

Une étymologie toute nouvelle donne pour origine au nom de Monaco, le phénicien « Monohak », qui veut dire paix, repos, refuge ; ce nom peut donc relier à quarante siècles de distance, les vagues aspirations de l'humanité disparue et la volonté qui s'affirme aujourd'hui.

Mes chers hôtes et, je l'espère, mes amis, je bois à l'union de toutes les forces si honnêtes que vous représentez ici, pour le triomphe de la justice et de la paix.

J'avais la bonne fortune d'avoir à mon côté mon vénérable ami Jean Dupuis, le célèbre explorateur du Fleuve Rouge, auquel la France doit certainement son plus beau fleuron colonial, le Tonkin. Jean Dupuis avait rêvé de nous donner cette immense colonie sans coup férir et il y serait parvenu si... Mais c'est une vieille histoire connue de tout le monde et trop connue, hélas ! Aujourd'hui Jean Dupuis, modeste et sage, vit à l'écart du bruit et fuit les honneurs. Mais il applaudissait de tout cœur, lui le pacifique par excellence, à de si nobles et si pacifiques paroles dites par un prince ami des sciences et des arts.

Après les toasts que j'oublie, ne pouvant les mentionner tous, le prince de Monaco s'est entretenu avec quelques convives. Il a bien voulu me faire l'honneur de quelques instants de conversation. Après m'avoir remercié de mon dernier ouvrage (1) dont j'avais eu l'honneur de lui faire hommage la veille, Son Altesse m'a répété sa grande satisfaction à propos des progrès des idées pacifiques. « J'ai été bien heureux, m'a-t-il dit, de pouvoir applaudir les brillants orateurs de ce Congrès : de tout cœur je partage leurs sentiments et leurs aspirations. Mais, hélas ! je ne me fais guère d'illusions ; nous aurons beaucoup à lutter pour faire triompher les principes de la paix générale et perpétuelle. »

J'ai rappelé au prince le souvenir du Congrès de géographie de Berlin, où il prit une part active et fit applaudir une très importante communication scientifique. Ce n'est pas en vain qu'on parle géographie et navigation au prince de Monaco : « Ce sont là, me dit-il, mes sciences de prédilection. J'étais beaucoup plus dans mon élément au Congrès de géographie de Berlin qu'ici. Vous avez visité le Musée Océanographique que je fais édifier et qui, je vous le promets, sera des plus intéressants quand il sera terminé. J'espère pouvoir accueillir tous les savants géographes et navigateurs et faire de Monaco un centre scientifique ou tout au moins un lieu de rendez-vous scientifique. »

J'ai eu l'occasion de dire au prince combien précieux était l'appui qu'il prêtait par son haut patronage à l'œuvre des Sociétés de Paix.

On peut considérer que la réalisation du noble dessein poursuivi par tant de braves cœurs devient beaucoup moins chimérique maintenant que les partisans de la Paix et de l'Arbitrage ne sont plus des isolés, mais reçoivent des adhésions aussi catégoriques et aussi illustres que celles des souverains. Après l'Empereur de Russie, à l'initiative duquel nous devons le

(1) *UN POINT D'HISTOIRE CONTEMPORAINE*, un fort vol. de 300 pages, chez l'éditeur HENRI DARAGON, 10, rue Notre-Dame-de-Lorette, Paris.

Congrès de La Haye, qui marque une date dans l'Histoire, voici le prince de Monaco, le chef de cette grande maison des Goyon de Matignon-Grimaldi, qui se déclare le champion et le protecteur des pacifiques.

Le prince de Monaco veut bien reconnaître lui-même, malgré sa modestie, qu'il a quelque espoir dans l'œuvre à laquelle il apporte son concours ; la question de la Paix universelle entre dans une nouvelle phase.

Les souverains et chefs-d'Etat sont des hommes de cœur qui sentent le poids des responsabilités inouïes que les guerres futures peuvent leur imposer.

De toutes parts, on se prépare à la guerre, mais on en voit tellement les dangers, on en comprend si bien les irréparables désastres, qu'on ne peut se résoudre à des sacrifices si énormes.

Et, la clairvoyance et le bon sens autant que les sentiments humains et bons des souverains sont soulignés, soutenus, si l'on peut dire, étayés par la conscience des nations elles-mêmes qui se réveillent.

Que manque-t-il pour transformer en une œuvre *utile et agissante* l'œuvre du Congrès de La Haye ?

Il manque une entente entre quelques puissances capables d'imposer, à celles qui voudraient les enfreindre, les obligations de l'Arbitrage permanent.

Il manque, pour que la paix du monde devienne aussi assurée que la paix publique dans le sein des nations, quelques gendarmes vigoureux ; il manque à la réalisation du rêve des hommes de bien, qui souhaitent le bonheur et la tranquillité des peuples, l'union de quelques nations.

Parlons clair : dans mon livre *Un point d'histoire contemporaine*, j'ai posé les prémisses du grand problème du rapprochement franco-allemand. **Or tout est là !**

Que le terrible malentendu créé par M. de Bismarck se dissipe demain entre la France et l'Allemagne, et voilà les deux grandes nations civilisées qui s'embrasseront et qui s'uniront pour faire régner la justice et la paix sur le monde entier !

Cette question est-elle insoluble ? Je ne le crois pas. Soldats français et soldats allemands, c'est le colonel Marchand qui le proclame en revenant de Chine, ont fraternisé de Tientsin à Pékin. Pourquoi ne fraterniseraient-ils pas en Europe ?

La clef du problème, ce serait la proclamation de l'*autonomie* et de la *neutralité* de l'Alsace-Lorraine.

Nous ne nous découragerons jamais : un grand événement a souvent des causes qui passent inaperçues, les grandes idées germent toujours et l'on peut tout attendre d'un esprit aussi haut et d'un cœur aussi magnanime que l'esprit et le cœur de l'empereur Guillaume II.

Travaillons donc ! Et quel beau rôle que celui de négociateur d'une aussi sainte convention !

Etre le courrier de la Paix, le truchement des aspirations de toute l'humanité, quelle enviable destinée, quelle gloire immortelle !

Puissent d'aussi resplendissants lauriers couronner un jour la noble maison des Grimaldi !

BIBLIOTHÈQUE NATIONALE RF IMPRIMÉS

SAINT-AMAND (CHER). — IMP. EM. PIVOTEAU ET FILS

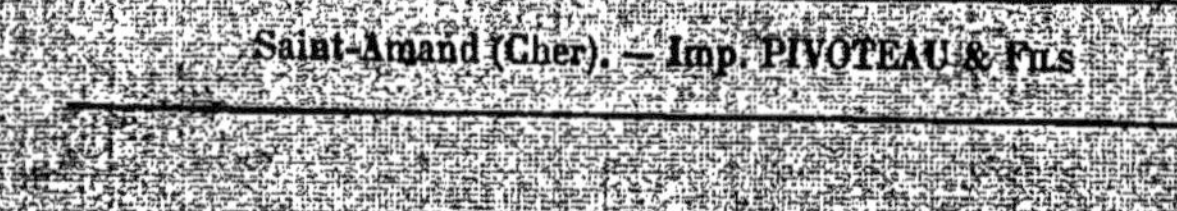

Saint-Amand (Cher). — Imp. PIVOTEAU & FILS

www.ingramcontent.com/pod-product-compliance
Ingram Content Group UK Ltd.
Pitfield, Milton Keynes, MK11 3LW, UK
UKHW021206230726
13926UKWH00001B/354

9 782014 020854